日本でいちばん小さな保険販売マニュアル

こんな考え方をすればもっと契約がとれるのに

貴方を成功へとみちびく一〇一の言葉

●ワヤセールス事務所
和谷　多加史

はじめに♠

厳しい状況下で生身の人間が仕事をしている以上、悩みや落ち込むことがあって当り前です。とは言え、その状態を放っておくと、小さな問題もいずれ大きな問題となり、「分かっているんだけどナァ」と言いながらも行動が伴わない、一番やっかいな状況を作ってしまいます。

成果は動いてはじめて出るもの。どんなにすばらしい能力も使わなければ何の意味もありません。そこで必要になるのが、その人を行動にかりたてる心のエネルギーです。

何気ない会話をしていて、あるいは本を読んでいて、《はっ！》と思うような言葉に出逢うことがあります。そして、その言葉を心のエネルギーにして人生を変えた人はたくさんいます。

この本が皆さんと、そういった言葉との出逢いの場になることを心から願っています。

平成9年3月

和谷　多加史

目次

はじめに
その一　もっと良くなりたい仕事のマンネリ化を克服するために・11
その二　百の理論より一つの行動もう一件、訪問件数を増やすために・12
その三　努力と工夫潜在能力をめいっぱい発揮するために・13
その四　形から入るのも方法すぐにでも優績者になるために・14
その五　段取り八分あとで後悔しないために・15
その六　話し上手は聞き上手話ができる状況を作るために・16
その七　やってみなけりゃ分からない自分でチャンスの芽を摘まないために・17
その八　断りは進むべき方向を示す道しるべ断りに強くなるために・18
その九　上司の値打ちは部下の口が決める自分の値打ちを上げるために・19
その十　知恵は使いよう一回り自分を大きくするために・20
その十一　気持ちの持ち方人より一歩先を行くために・21

その十二　お客の心セールスマン知らず　後ろ向きな考えを持たないために・22
その十三　のど元過ぎれば熱さ忘れる　さらに良い展開を図るために・23
その十四　人のふり見て我ふり直せ　人に好かれる自分を作るために・24
その十五　工夫　コツを体得するために・25
その十六　知っているのに　立ち止まらないために・26
その十七　結果　できるセールスマンになるために・27
その十八　そうしようと思えば　目的意識を持って仕事をするために・28
その十九　何でもないようなことの中に　自分を成長させるために・29
その二十　ありがとう　心を豊かにするために・30
その二十一　営業所の雰囲気　良い環境を作るために・31
その二十二　人・時・所　意識度を高めるために・32
その二十三　持つべき意識　人に尊敬される自分を作るために・33
その二十四　尺度　さらに一歩前進するために・34
その二十五　ものの見方　自分を強くするために・35
その二十六　今が一番　再スタートを切るために・36

その二十七　人間関係は大切見込み客をたくさん作るために・37
その二十八　没頭集中力を高めるために・38
その二十九　何に差をつけるか一味違うセールスマンになるために・39
その三十　良い人悪い人つまずかないために・40
その三十一　見切りをつけるのも仕事効率良く展開を図るために・41
その三十二　印刷されたセールスマンお客様から信頼を得るために・42
その三十三　ご決断下さい確実に業績を伸ばすために・43
その三十四　儲ける自信をもって仕事に取り組むために・44
その三十五　職人芸後で「よかった」と思えるために・45
その三十六　仕事仕事の本質を見失わないために・46
その三十七　固定部分組織人として自覚を持つために・47
その三十八　職場自分も会社もよくするために・48
その三十九　セールスマンの仕事何が仕事かを知るために・49
その四十　原因満足できる仕事をするために・50
その四十一　大変逆境を乗り越えるために・51

その四十二　環境が人を育てる　たくさんの良い仲間を作るために・52
その四十三　続・原因　いつも安定した成績を出すために・53
その四十四　結果を出そう　納得できる仕事をするために・54
その四十五　本気　挑戦する気持ちをもつために・55
その四十六　目標　自分の目指すゴールにたどりつくために・56
その四十七　愚痴　前向きに仕事に取り組むために・57
その四十八　挑戦する価値　自分の気持ちを駆り立てるために・58
その四十九　保険の仕事は難しい？　自分の力を引き出すために・59
その五十　続・保険の仕事は難しい？　失敗を繰り返さないために・60
その五十一　法則もテクニックも　納得のできる仕事をするために・61
その五十二　言い訳　前向きに仕事をするために・62
その五十三　笑顔に優る化粧なし　光り輝いて仕事をするために・63
その五十四　お叱り　行き先を増やし続けるために・64
その五十五　相手の言うこと　素直さを身につけるために・65
その五十六　会う回数　状況を好転させるために・66

その五十七　商品説明　セールスの良い流れを作るために・67
その五十八　人格　第一印象の良い自分を作るために・68
その五十九　仕事をしなさい　言うだけの人にならないために・69
その六十　これぐらいでいいだろう　可能性を引き出すために・70
その六十一　良い種　出るべくして良い結果を出すために・71
その六十二　差　上を目指してチャレンジするために・72
その六十三　意思と意志　自分のレベルを高めるために・73
その六十四　できるわけがない　チャンスを引き込むために・74
その六十五　ささいなことが　無駄な時間を過ごさないために・75
その六十六　タネ　信念をもって仕事に取り組むために・76
その六十七　目と耳と口　進むべき方向を見つけるために・77
その六十八　人に好かれるには　人をひきつける魅力をもつために・78
その六十九　人に会わなければ　ビジネスチャンスを作るために・79
その七十　知っていた方が良い　どのような状況でも対応できるために・80
その七十一　行きにくいところ　積極的な自分を作るために・81

その七十二 自分が大切と思う人はみんなと喜べる自分を作るために・82
その七十三 禍を為して福を求む自分の活動を振り返るために・83
その七十四 条件は同じなのに気分良く仕事をするために・84
その七十五 おや？ なるほど確実に挙績に結び付けるために・85
その七十六 苦しい時ほどスランプを脱出するために・86
その七十七 自信やった！と思える仕事をするために・87
その七十八 人並以上の結果を出すには大きな仕事に挑戦するために・88
その七十九 目標を持った時点で挫折している人勢いのある展開を図るために・89
その八十 趣味は身を助ける自分の良いところを伸ばすために・90
その八十一 今一年後の自分を大きくするために・91
その八十二 生きるためであっても働くためであってもやりがいを持つために・92
その八十三 良い環境仲間とともに成長していくために・93
その八十四 あの人は人間性を磨くために・94
その八十五 人間関係の原点良い人間関係を作るために・95
その八十六 成功するための第一歩夢を確実に実現するために・96

その八十七　やろう　後で悔やまないために・97
その八十八　はたらく　実りある毎日をおくるために・98
その八十九　玄関には話題がいっぱい　情報感度の高いセールスをするために・99
その九十　当り前　レベルの高い〈当り前〉を持つために・100
その九十一　思い込み　自分の活動パターンをチェックするために・101
その九十二　話し相手　進むべき方向を見誤らないために・102
その九十三　プライドと見栄　人格を高めるために・103
その九十四　たぐり寄せる　後援者を数多く増やしていくために・104
その九十五　採用のコツ　あこがれを持たれる人間になるために・105
その九十六　絞り込み　本当のターゲットを見失わないために・106
その九十七　人は目と声にクロージングされる　説得力あるセールスマンになるために・107
その九十八　気づいた時が始まり　自分を成長させるために・108
その九十九　今やろう　充実した仕事をし続けるために・109
その百　分かっているんだけどナァ　チャンスを逃さないために・110
その百一　私はあなたを愛しています　愛されるセールスマンになるために・111

●仕事のマンネリ化を克服するために

その一　もっと良くなりたい

『今よりもっと良くなりたい』と思いながら、
昨日と同じことをしている人がたくさんいます。
昨日と同じことをしていては、
昨日と同じ結果しか出ないのに。

いつも十訪問しているなら、十一訪問してみてはいかがでしょう?
そんな小さな変化がいずれ大きな結果につながるのです。

●もう一件、訪問件数を増やすために

その二 百の理論より一つの行動

難しい理論を百知っていても、
一つの行動がなければ結果は出ません。

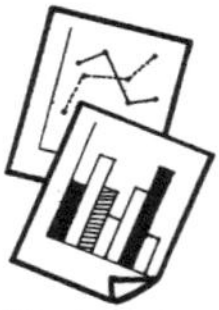

ライト兄弟よりも早く優れた飛行機を設計しながら、二宮忠八はそのプランを実行しませんでした。もし彼がプランを実行していたら、間違いなく彼が飛行機の発明者になっていたのです。

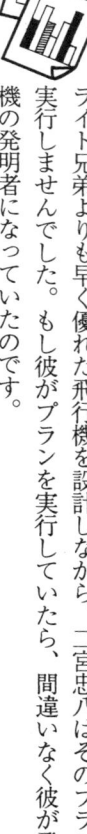

●潜在能力をめいっぱい発揮するために

その三 努力と工夫

努力とは、動くこと。
工夫とは、考えること。
　この二つに方向を与えるのは、やる気です。

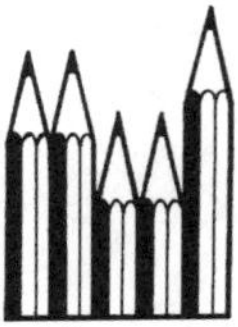

ナポレオン・ヒルは「どんなすばらしい方法もやる気のない者には役に立たない」と言っています。つまり、やろうとする意思があるから努力や工夫に中身が備わるのです。

その四　形から入るのも方法

優績者とそうでない人は、
　持っている雰囲気が違います。
「まなぶ（学ぶ）」の語源は、
「まねる（真似る）」なのですから、
　優績者をまねてみるのも方法かも知れません。

優績者に対して『あの人は特別』と思う前に、『あの人のようにしてみよう』
と努力するのも、間違いなく自分を高める一つの方法です。

●あとで後悔しないために

その五 段取り八分

『あ～ぁ、あの時あれをしておけばよかった……』
そう思わないように、段取りをするのです。

『楽をしたい』とか『早道はないか』と思いがちですが、急がば回れ。段取りの手を抜いてしまうと、結局は余計に時間をかけなければならなくなるのです。

その六 話し上手は聞き上手

こちらが真剣に耳を傾けると、
　相手もこちらの言うことに耳を傾けてくれます。
話し上手は聞き上手というのは、
　きっとこういうことを言うのでは。

デール・カーネギーは『人は自分に関心を示す人に関心を示す』と言っています。真剣に聞くというのは良い意味で相手に関心を示すこと。そうするから、相手もこちらに良い意味で関心を示してくれるのです。

●自分でチャンスの芽を摘まないために

その七 やってみなけりゃ分からない

当たらないと思っても、買わなければ絶対に宝クジは当たりません。
『どんなプランでも、提示しなければ契約はとれない』
という考え方は、とても大切だと思います。

やるべきことをやれば、後は確率の問題。つまり、可能性はあるのです。でも、やらなければ確率は「0」。まったく可能性がないのです。

その八 断りは進むべき方向を示す道しるべ

「保険料が高い」という断りを受けた。
『どうすれば安くできるだろう?』と考えた。
「義理のあるセールスマンがいる」という断りを受けた。
『どうすればそのセールスマンより、
義理のあるセールスマンになれるだろう?』と考えた。
断りとは、セールスマンに進むべき方向を教える天の声と気づいた。

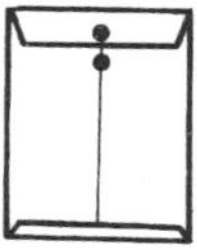

営業の世界には『キッカケはお客様がくれる』という言葉があります。耳をすませば、まさに断りの中にキッカケがたくさんあるのです。

その九 上司の値打ちは部下の口が決める

日頃、「ウチの主人は頼りなくて本当に情けないの」とグチをこぼしている奥さんのお宅を訪問したら、たまたまご主人がいた。

つい、『この人が情けないご主人か』という目で見てしまった。

もし、奥さんから「ウチの主人は何事にも一生懸命打ち込む人なの」と聞かされていたら、きっとそういう目で見たと思う。

「ウチの所長（機関長）は駄目」と言う人がいます。

でも、機関長を切り札に使おうとするなら、日頃からお客様の前で機関長をほめた方が良いのでは……。

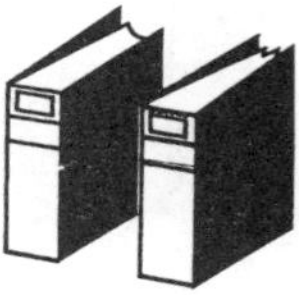

言葉で相手の値打ちを上げることも下げることもできますが、同時に自分の値打ちを上げることも下げることもあります。相手をほめることが自分の値打ちを上げると理解して下さい。

その十 知恵は使いよう

花は障害物があると、茎をくねらせてでも伸びようとします。
でも、人間はどうでしょう?
障害物に直面すると言い訳を言ったり、くじけた自分を正当化したり。
それだけの知恵があるのなら、
障害を乗り越える方法を考えたらいいのに。

『ダメだ!』という結論を出すのも知恵なら『どうすれば良いだろう』と考えるのも知恵です。良い展開を図るために知恵を使うべきでは……。

その十一　気持ちの持ち方

私は女優のYが大好きです。
もし、彼女に手を握られて、
「和谷さん、今月はどうしても十億頑張って欲しいの」と言われたら、
きっと、そのために精一杯の努力をすると思います。
そんな気持ちを持ち続けるようにしたら、
みんな超優績者になるのでは…。

気持ちの持ち方次第で人間はすごい力を発揮します。そのキッカケをどのように作るかで人生（成績）は決まると言っても過言ではありません。

その十二　お客の心セールスマン知らず

「そろそろ考えてあげようと思っていたんだけど、
最近○○さん来ないね」
と、ある職域でお客様から言われました。
職域を担当しても結果が出ない、
そんな焦りが担当者の足をその職域から遠のかせたのだと思います。
でも、通っていればお客様も人の子、
一生懸命頑張っているセールスマンには応援もしたくなるのですよね。

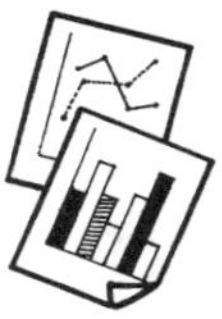

『今度あのセールスマンが来たら買ってあげよう』と思っているのになかなか来ない、そんな経験はありませんか？　立場を置き換えて考えると分かることがたくさんあります。

その十三　のど元過ぎれば熱さ忘れる

『神様、今月あと一件取らせて下さい。もし取らせてくれたら、これからは決してなまけません』なんて思うことがあります。

でも、のど元過ぎれば熱さ忘れる。その時の気持ちを忘れなければ、きっと、もっと良い展開になっていたはずなのに。

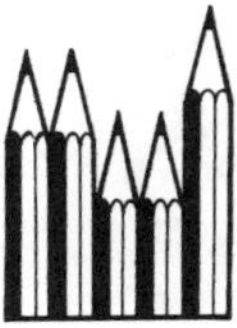

安易に『今日できない分は明日すればよい』なんてことを考えていると、こういったことになるということです。

その十四 人のふり見て我ふり直せ

『あの人があんなことを言うから契約がとれなかった』
そんなことを思うこともあります。
でも、『私もこういうふうに思われていないか？』
まさに、人のふり見て我ふり直せ、です。

『最大の敵は自分の中にいる』と言います。周囲を否定すると心の状態が顔や態度に表れ、多くの場合、周囲から否定されるようになってしまいます。

●コツを体得するために

その十五　工夫

私は元々売れないセールスマンでした。
その頃の私は、売れないことを正当化することばかり考えていたように思います。
でも、コツを掴んで売れるセールスマンになったら、
いつも『どうすればもっと売れるだろう?』と考えていました。
どんな状況でも、『どうすればもっと売れるだろう?』
と考えた方が方法が見つかるように思うのですが。

『苦しさをねじ伏せた時、将来に活きる知恵が身につく』と言います。言いたいことを我慢したり行きにくい所へ行く勇気を持って下さい。

その十六 知っているのに

『知っていて守っていない交通ルール』という川柳があります。
『営業は人に好かれることから始まる』
『営業は足でかせげ』
『成果は努力に比例する』などなど。
知っている営業の鉄則はたくさんあるのに、
それを実現しようとする人は何人ぐらいいるのでしょう?

営業の世界に評論家はいりません。知識は吹聴して意味を為すのではなく、行動に移してはじめて意味を為すと理解して下さい。

その十七　結果

やるべきことをやれば、
出るべくして結果は出ます。
出るべくして結果が出ないのは、
やるべきことをしていない、
ということなのです。

学生時代のテストを思い出して下さい。勉強した時の点数としなかった時の点数は同じでしたか？　仕事も同じことなのです。

その十八 そうしようと思えば

笑顔を作ろうと思えば、誰だって笑顔が作れます。

胸を張って歩こうと思えば、誰だって胸を張って歩けます。

でも、『私は何年来こういう性格なんだから変えようがない』とか、『私はず～っとこうしてきたんだから今さら……』と言う人がいます。

そうしようと思えば、その瞬間にそうすることができるのに。

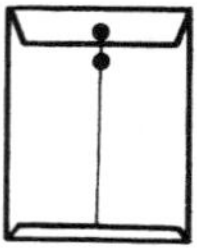

『全ての行動は〈思い〉から始まる』『能力は〈思い〉に反応する』と言うように、何を思うかによって〈行動〉も〈出る結果〉も違ってくるのです。

●自分を成長させるために

その十九 何でもないようなことの中に

何でもないようなことの中に、
とても大切なことが、たくさんあります。

挨拶の仕方など、日頃何気なくしていることにその人の人間性が出ます。
人間性を疑われると、どれだけ説明が上手でも契約は出ないと思って下さい。

その二十 ありがとう

何かをしてあげた時、
「ありがとう」と言われると気分が良い。
ある時、お年寄りに親切にしてあげたら、
「ご親切にありがとう」、と言われた。
同じありがとうでも、ワンランク上のありがとうだな、と思った。

〈心〉から「ありがとう」と言っている時は、〈表情〉も〈態度〉も「ありがとう」と言っているものです。

●良い環境を作るために

その二十一 営業所の雰囲気

営業所の雰囲気は、
そこに集まった人たちの人格の現れです。

人が集まると、そこにはその人たちが作る雰囲気ができます。和やかな雰囲気にするのも居づらい雰囲気にするのもそこに集まった人たち次第。みんなが良い雰囲気にしようと思わなければ、そういう職場は生まれません。

その二十二　人・時・所

『虎穴に入らずんば虎児を得ず』
『君主危うきに近寄らず』
知恵の宝庫と言われることわざも、
　よくよく見れば、正反対のものがたくさんあります。
では、どちらが正しいのか?
きっと、その人によって、その時によって、
　その所によって、決まるのだと思います。

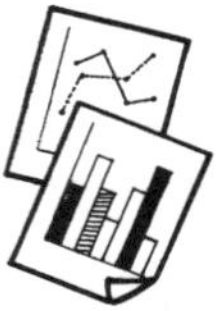

本人の前で言って良いこと悪いこと、食事の時に言って良いこと悪いこと。
正しいことでも言う場面を間違えると良い結果は出ません。

その二十三 持つべき意識

長い時間をかけて得た信用も、なくすのは一瞬。
「しなければならないこと」と
「してはいけないこと」は、
よく頭に入れておこう、と思う。

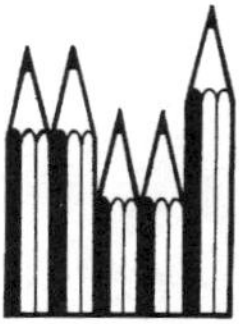

程度の問題はありますが、多くの場合、『私に対する配慮が足りない』と思った時に、人は気分を悪くしたり不信感を持ちます。

その二十四　尺度

一万円の保険料は高い、と思っているセールスマンは、
　一万円の保険すら、勧めることはできません。
三万円の保険料は安い、と思っているセールスマンは、
　三万円以上の保険でも、勧めることができます。
勧めるプランは、
相手の尺度より自分の尺度で決めていることが多いのです。

『これぐらいの保険料なら大丈夫かな?』と考える前に、まず『この人にはどういった保険が一番良いだろう』と考えるべきなのです。

●自分を強くするために

その二十五　ものの見方

劣績者に契約がとれない理由を聞くと、
　保険の仕事ってそんなに難しいものか、という気になる。
優績者に契約をとる秘訣を聞くと、
　簡単に契約がとれそうな気になってくる。

『こう歩くと転ぶ』『こう歩けば転ばない』。どちらも正しい考え方ですが、この違いが積極的な人と消極的な人を作ることになります。

その二十六 今が一番

勉強があんなに嫌いだったのに、
ふと、学生の頃に戻りたいと思ったりする。
「大人は勉強も試験もないからいいナァ」、と思っていたのに。
どんな境遇にいても、
　もしかすると、今が一番良いのかも知れない。

社会人になった長男が、まだ学生の次男に「今が一番いい時だね」と言いました。私から見れば長男に「今が一番いい時だね」と言いたくなるのに。立場を変えて周囲を見れば、全ての人が〈一番いい時〉を今過ごしているのです。

その二十七 人間関係は大切

ひまができて誰かに会いに行こうと思う時、嫌いな人より、好きな人に会いに行こう、と思います。

確かに、人間関係は大切だと思う。

仕事も人生も、人の協力なしで良い展開は図れません。人に好かれれば好かれるほど、協力してくれる仲間が増えるのです。

その二十八 没頭

本を読んでいて、
人に声をかけられたことに気付きませんでした。
仕事に没頭すれば、
きっと、余計な雑音は耳に入らない、と思います。

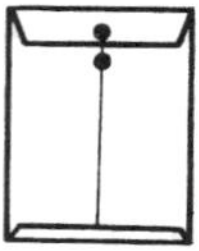

仕事がうまくいっていない時ほど、ちょっとした人の言葉に振り回されるものです。でも、一生懸命仕事に集中していると、案外気にならないものです。

●一味違うセールスマンになるために

その二十九　何に差をつけるか

各社、保険の機能に差がないのなら、
　いかにセールスマンに差をつけるかが、
これからの勝負を決めると思う。

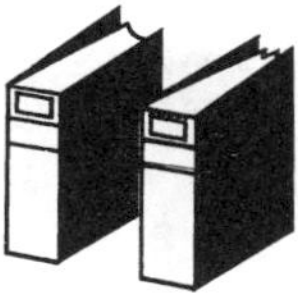

誰だって気に入らないセールスマンからは物を買おうとしません。商品が同じなら尚更です。今まで以上に自分を売り込まなければならない時代になったのです。

その三十　良い人悪い人

「あの人は良い人だ」と思う人は、
　自分にとって「都合の良い人」である場合がよくあります。
「あの人は悪い人だ」と思う人は、
　自分にとって「都合の悪い人」である場合がよくあります。
都合の悪い人でも、良い人はたくさんいます。
　そういう人を避けるから、視野が広くならないのです。

「良薬は口に苦し」ではありませんが、気分の良いことばかり言ってくれる人が良い人とは、決して言えません。

その三十一 見切りをつけるのも仕事

愛想の良い人には、自然に足が向きます。
でも、『愛想の良い人は悪気もないが、契約する気もない人』
と言います。
見切りをつけるのも仕事なのです。

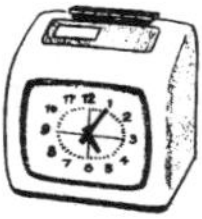

期待するのはこちらの勝手。こちらの都合でばかり物事を見ていると、思わぬところに落とし穴があるものです。

その三十二 印刷されたセールスマン

人によって言うことが違う会社は、
どこか信用できず、腹立たしく思うことさえあります。
パンフレットは、印刷されたセールスマン。
印刷されたセールスマンと同じことが言えないと、
私たちも、お客様から不信感を持たれます。

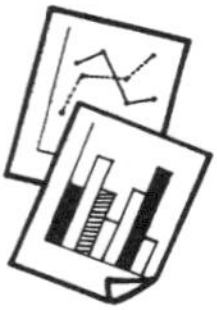

案外、隅々までパンフレットを読んでいる人は少ないものです。本来はお客様に届ける前によく読んで、分からない箇所をなくしておくべきなのです。

●確実に業績を伸ばすために

その三十三 ご決断下さい

一生懸命、商品説明しても、
『ご決断下さい』が言えなかったら、
契約は決まりません。

〈商品説明〉と〈しめくくり〉とは違います。どれだけ一生懸命説明しても、お客様から「この保険に入ります」とは言ってくれないと思って下さい。

その三十四 儲ける

『儲けるとは信者を作ること（信十者＝儲）』、と言います。
でも、『儲ける人とは自分のやるべきことを信じて行える人』、
という考え方も、大切だと思います。

どれだけ〈やるべきこと〉を的確にこなしても、たった一回では良い結果は期待できません。それを繰り返すから信頼もされ、出るべくして良い結果が出るのです。

●後で「よかった」と思えるために

その三十五　職人芸

テクニックを、契約をとるための手段としか考えない人は、
どこかにずるさが見え隠れします。
一生懸命努力している人は、
いずれ、テクニックを超越した「職人芸」を身につけます。

「お客様の前だけうまくつくろえば良い」と思ってもつくろい切れるものではありません。不器用でもコツコツ頑張って下さい。そうすれば必ずその人にしかできない方法が身につきます。

その三十六 仕事

みんなに都合があるように、
会社にも都合があります。
会社の都合を優先するから、仕事なのです。

決まりごとがあるから組織です。組織が企画したことに参加するからその組織の人間なのです。

●組織人として自覚を持つために

その三十七 固定部分

給料に固定部分がある以上、
会社に拘束される時間があって、当たり前です。

お客様に会うことがすべてに優先するという考え方も大切ですが、それは組織人としての認識を持っていることが前提の話です。

●自分も会社もよくするために

その三十八 職場

仕事をするために集まった人たちがいる「場」だから、
職場なのです。

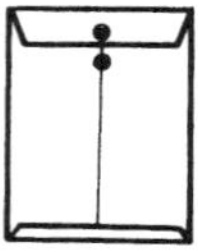

職場は安らぎを与える場でもありますが、あくまでも仕事が主でその他のことは従。つまり、仕事を促進させることのできない職場は、職場とは言えないということです。

●何が仕事かを知るために

その三十九 セールスマンの仕事

「行く所がない」、と言う人がいます。
でも、「行く所」を見つけるのが、
セールスマンの仕事なのです。

営業所を一歩出れば、すべて〈行く所〉です。〈契約してくれそうな人がいない〉と〈行くところがない〉は意味が違うと理解して下さい。

その四十 原因

原因のない結果は、決してありません。
良い結果を出したければ、
良い原因を作れば良いのです。

人間は価値観を刺激されて動きます。価値観とは〈好きか嫌いか〉〈損か得か〉。
好かれるセールスマンになって商品のメリットを説明して下さい。

その四十一 大変

大変と思う時ほど、
大きく変わるチャンスなのです。

大変と思ったら『何とかしなければ』と思って下さい。多くの成功者はそう思って〈努力〉と〈工夫〉をしたのです。

その四十二 環境が人を育てる

子どもが親の作った環境（家庭環境）の中で習慣を身に付けるように、新人は先輩の作った環境（職場環境）の中で習慣を身に付けます。

まさに、環境が人を育てるということです。

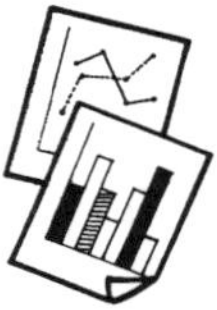

親と同じ格好でテレビを見ている子どもがいるように、先輩と同じようなことをしている後輩がいます。新人のレベルを上げるためにも、職場の雰囲気をレベルアップして下さい。

●いつも安定した成績を出すために

その四十三 続・原因

優績者には、優績者になった理由があります。
劣績者にも、そうなった理由があります。

なぜなら、この世の中には、
原因のない結果は決してないからです。

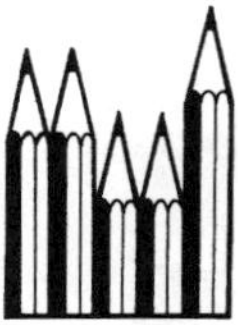

状況づくりの上手な人が優績者で下手な人が劣績者とも言えますが、〈契約をとる〉という気持ちの強さが優績者と劣績者を分けているのかも知れません。

その四十四 結果を出そう

とにかく結果を出して下さい。
と言っても、契約という良い結果だけでなく、
断りという悪い結果も含めてのことです。
断りは、使い方次第で良い結果につながります。
でも、何の結果も出せないと契約につなぐすべがありません。
だから、動かないのが一番いけないことなのですね。

たった一回の訪問で契約がとれることはあまりありません。だから、断りをどのように使って契約につなぐか、という意識を持って下さい。

その四十五 本気

誰だって十万円より二十万円の収入の方が良いはずです。

誰だって二十万円より三十万円の収入の方が良いはずです。

そのくせ、「資格を上げるために頑張りましょう」と言われると、「私、このままで良いのです」

「本気」とは本当の気持。

本気で仕事をしないから、良い結果が出ないのです。

その言葉を言ったがために起こる精神状態があります。だから、自分の気持ちと裏腹なことを言っていると行動意欲が低下して、自分で自分の能力を発揮しにくい状況を作ることになるのです。

その四十六　目標

裏山にハイキングに行く時は、どんな準備をしますか？
富士山に登ろうとしたら、どんな準備をしますか？
エベレストなら、どんな準備をしますか？
　目標の高さによって、準備のしかたが違うのです。

目標が大きいほど綿密な計画を立てて準備にも時間をかけます。出勤してから「今日はどこへ行こうかな」と言う人は、目標を持っていないのかも知れません。

その四十七　愚痴

たとえ内容がどれだけりっぱでも、
愚痴は、何の役にも立ちません。

愚痴を言いたい時は誰かに自分を分かってもらいたい時。愚痴を言って気は晴れても、問題が解決したことにはなりません。

その四十八 挑戦する価値

人は、自分に能力があるとかないとかに関係なく、
挑戦する価値があると思うから、行動を起こすのです。

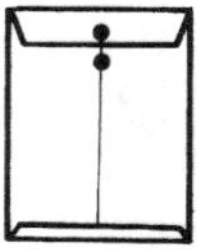

誰にも〈自分にとって価値ある目標〉があります。「そんなものはない」と言う人の多くは『無理』とあきらめているからで、その分、行動が伴わないのです。

●自分の力を引き出すために

その四十九 保険の仕事は難しい？

『保険の仕事が難しい』と思うのは、
やり方が分からないだけなのです。
『私には力がない』と思うのは、
努力と工夫が足りないだけなのです。

ターゲットを見つけて見込み客度を上げれば契約は出ます。会う努力と親しくなる工夫をすれば自信もついてきます。

その五十 続・保険の仕事は難しい？

多くの人が、「保険の仕事は難しい」と言うのは、話を聞いてもらえる状況でないにも関わらず、話をして、自分で仕事を難しくしているからなのです。

保険のセールスと聞いて歓迎してくれる人はあまりいません。歓迎してくれない雰囲気を取り除く努力が〈状況づくり〉なのです。

その五十一 法則もテクニックも

営業の世界には、いろいろな法則やテクニックがあります。
でもそれは、
使う人の思いが方向性を与え、
　その人の熱意が、内容を持たせるのです。

同じ積木を使っても、それを使う子供によって作る物が違います。また、同じ物を作るにしても、子供によって丁寧であったり乱暴であったり。それと同じことが仕事においても言えるということです。

その五十二 言い訳

動いていない人ほど、
言い訳がうまい。

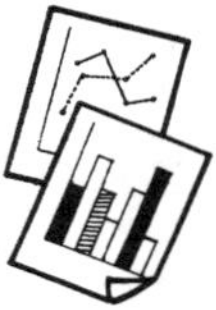

できない理由をどれだけ上手に正当化しても空しいものです。不器用でもコツコツ努力している人の方が美しいと思いますが、いかがですか？

その五十三 笑顔に優る化粧なし

明るい人には、人が集まります。
もし、周囲に人が集まらないと思うなら、
もっと、笑顔を心がけて下さい。

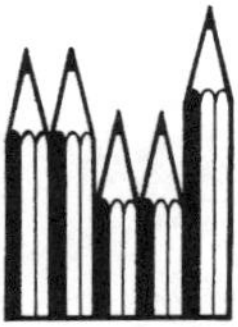

『笑顔とは話さずして人を引きつけるもの』と言います。営業は人に好かれることから始まるのですから、大いに笑顔を心がけて下さい。

その五十四　お叱り

厳しいお叱りを受けたお宅に翌日訪問して、「昨日は良い勉強をさせていただき、ありがとうございました」と頭を下げると、「こちらも少し言い過ぎました」などと言われ、とても良い雰囲気ができることがあります。

そう考えると、普段、誰も行かない、「払済保険」や「低額の養老保険」の既契約者に対して、お叱りを覚悟で訪問するのも、方法だと思います。

普段はお客様が優位に展開される人間関係も、こういった状況になると、その時だけはセールスマンが優位に立ちます。まさに、紹介を依頼したり溶け込みをさらに図るチャンスが、そこにあると理解して下さい。

●素直さを身につけるために

その五十五 相手の言うこと

「どうして私の言うことが分からないの」
と言う前に、
相手の言うことを分かろうとしなければ。

自分の都合を優先しているから、『どうして…』と思ってしまうのです。

その五十六 会う回数

人は、会った回数に比例して親しくなります。
ということは、
会う回数が少なければ、
親しくなれないということです。

ただし、良い印象を与えることが前提なので、〈態度〉〈言葉使い〉〈服装〉には、充分、気を付けて下さい。

●セールスの良い流れを作るために

その五十七 商品説明

商品説明には、
「アプローチ段階の商品説明」と
「クロージング段階の商品説明」とがあります。
最初から「クロージング段階の商品説明」をするから、
　　お客様は、身構えてしまうのです。

アプローチ段階は相手をこちらに振り向かせる段階。だから、詳しい説明より〈注意〉を与えて〈興味〉を持たせる言い方を心がけ、クロージング段階の商品説明につなげば良いのです。

その五十八　人格

服装は人格を作る、と言います。
言葉は人格を現す、と言います。

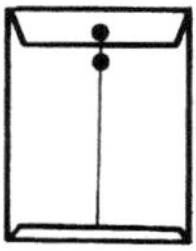

『相手に失礼のないように』という考え方をすれば、自然に〈服装〉も〈言葉づかい〉も整います。

●言うだけの人にならないために

その五十九 仕事をしなさい

子どもに「勉強しなさい」と言う以上、「仕事をしなさい」と言われる前に、仕事をしなければ。

人のことは分かっても自分のことは分からないものです。〈言っていることとしていることが違う〉と、言われないようにして下さい。

その六十 これぐらいでいいだろう

これぐらいでいいだろう、
これぐらいならいいだろう、
　その繰り返しが、
『この仕事は私に向いていない』という結果を生むのです。

『今月はこれぐらいでいいだろう』と思う人より、『もう一件』と思う人の方が、
間違いなく力を付けます。

その六十一 良い種

大根の種をまけば、大根ができます。
バラの種をまけば、バラが咲きます。
良い結果が出ないのは、
良い種をまいていないからです。

普段していることが出る結果を決めます。『私には力がない』と思う前に、『まだ〈やるべきこと〉はないか?』と自分に問いかけて下さい。

その六十二　差

出る結果の差は、
能力の差ではなく、意識の差です。

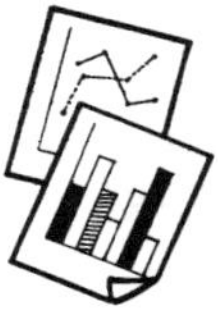

世間話も〈契約につなごう〉という気持ちで話していれば、案外、後につながるものです。まさに、出る結果の差は意識度による部分が大なのです。

その六十三　意思と意志

意思とは、心で思うこと。
意志とは、心に志を持つこと。
日によって思うことは変わっても、志は変わりません。
だから、物ごとを成就させるには、
　意思を持つより、意志を持つことが大切なのです。

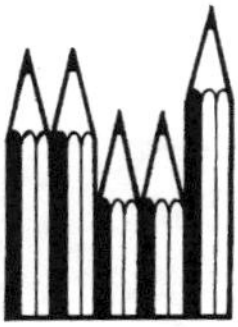

志すもの（意志）がはっきりしていれば、その時々の状況に合わせて実現する展開（意思）を考えるものです。

その六十四　できるわけがない

「保険の仕事なんてできるわけがない」と言って入社して、今、バリバリ頑張っている人がたくさんいます。
そう考えると、
今は「できるわけがない」と思っていることの中にも、
いずれできることがたくさんあるのです。

子どもの頃、『私にもあんなことができるかナァ』と思ったことでも、今は難無くしていることがたくさんあります。〈できるわけがない〉と思う前に〈やってみよう〉と思わなければ…。

●無駄な時間を過ごさないために

その六十五 ささいなことが

何をしたいかがはっきりしていないと、
ささいなことが、大きな問題に見えてくる。

何かに心が集中している時は、それ以外のものは眼中にありません。やたら問題点がたくさん見える時は、心が散漫な時と理解して下さい。

その六十六 タネ

「信じられない」と思うようなマジックにも、タネがあります。
「信じられない」と思うような成績を出す人にも、タネがあります。
形は違っても、
二つのタネには、努力と工夫という共通点があるのです。

その昔、巨人軍の王選手は、畳が擦り切れるまで素振りをしたそうです。大記録の陰には、そういったタネがあったということです。

その六十七 目と耳と口

知らない所へ行っても、
目と耳と口があれば、何とかなります。
仕事も同じ。
目と耳と口があれば、何とかなるのです。

現状を見る、聞くべきことを聞く、そのために口を使えば、自然に進むべき方向は見えてきます。

その六十八 人に好かれるには

営業は、人に好かれることから始まります。
だから、セールスマンには、
『人に好かれるにはどうしたら良いだろう?』
という考え方が、とても大切なのです。

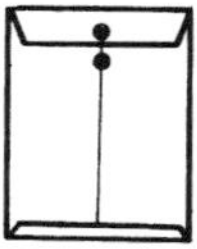

ニコニコ、ハキハキ、テキパキを心がければ、多くの人が好感を持ってくれます。

●ビジネスチャンスを作るために

その六十九 人に会わなければ

あるベテランセールスマンが、しみじみ言いました。

「この仕事は、人に会わなければ何も始まらないんだよな」

A生命のSさんの言葉です。多くの人に知っていただきたい言葉だと思います。

その七十 知っていた方が良い

知ってる人にとっては何でもないことが、知らない人には大きな問題、ということはよくあります。だから、商品についての知識も、テクニックや営業理論も、

　知らないより知っていた方が良いに決まっているのです。

日本人は梅干しを見ると唾液が出てきます。でも梅干しを知らない外国人に見せても唾液は出ません。つまり、私たちは知らないことには反応できないのです。必要な時、状況に応じた反応ができるように知識を豊富にして下さい。

その七十一 行きにくいところ

「行きにくいところ」は、行ってないところ。
「行きやすいところ」は、行っているところ。
行きにくいところへ行かないと、
ますます行きにくいところになってしまいます。

怠け者の時計には針がないそうです。〈あの人（行きにくいところ）〉に会う時間がなくても、友だちと会う時間はあることに気付いて下さい。

その七十二 自分が大切と思う人は

本当に自分が大切と思う人は、
自分の周囲にいる人も大切だと思うそうです。
自分の周囲にいる人が大切と思う人は、
その人の周囲にいる人も大切だと思うそうです。
そう考えると、自分のことだけしか考えない人は、
本当は自分を大切にしていないのかも知れません。

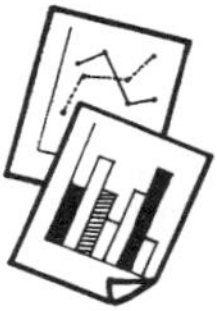

自分のことばかり言う人ほど〈愚痴〉が多いものです。自分の考え通りのことをしていて愚痴が出る時は、一度、人の言葉に耳を傾けてはどうでしょう。

●自分の活動を振り返るために

その七十三 禍を為して福を求む

良い結果を出したいと思いながら、
悪い結果が出るようなことばかりしている人が、たくさんいます。

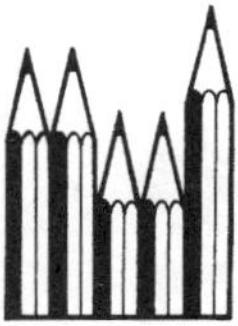

お客様の前で愚痴を言うセールスマンがいます。仮に話を合わせてくれても、
聞いている人は『すばらしいセールスマンだ』とは思ってくれません。まさに
〈禍〉を為しているのです。

その七十四 条件は同じなのに

学校の先生が、四十人の生徒に教えています。
教えている先生は同じなのに、
　できる子とできない子がいるのは何故でしょう?
「できる」「できない」の差は、
「前向きな気持ち」で勉強するか、「後ろ向きな気持ち」で勉強するか
の差なのだそうです。ということは…。

『嫌だナァ嫌だナァ』と思ってすることは身につきません。〈これならできる〉というものを、まず一つ持つようにして下さい。

●確実に挙績に結び付けるために

その七十五　おやっ　なるほど

どれだけ商品を詳しく説明しても、お客様に、「おや？」「なるほど」と思わせなかったら、セールスしたことにはならないのです。

「配当が先取りできる保険（一利源保険）」といったトークで〈おや？〉と思わせると、興味を持たせた分、〈なるほど〉と思う確率が高くなります。

その七十六 苦しい時ほど

『その態度を取ったがために起こる心理状態がある』と言います。
『その言葉を言ったがために起こる心理状態がある』と言います。
すべての行動は思いから始まるのですから、
苦しい時ほど、愚痴を言いたい時ほど、
「前向きな態度」と「前向きな言葉」が大切なのです。

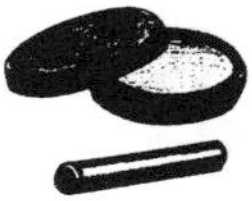

気持ちを前向きにしたい時は、〈明るい色〉の服を着て〈明るい音楽〉を聞くのも方法です。

●やった！と思える仕事をするために

その七十七 自信

自信は、体験しなければ生まれません。

計画を立てて動いて下さい。計画とは〈いつから何をするか〉〈いつまでに何をするか〉を決めることです。

その七十八 人並以上の結果を出すには

人並のことをすれば、
人並の結果が出ます。
人並以上の結果を出したければ、
人並以上のことをすることです。

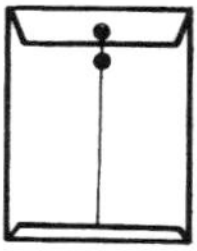

蒔いた種以上の花は咲かないように、訪問しているターゲット数以上の契約は出ません。契約件数を増やしたければ訪問数を増やすことです。

●勢いのある展開を図るために

その七十九 目標を持った時点で挫折している人

『ヨシッ！　頑張ろう　きっと駄目だろうけど』

こういった考え方の人を
「目標を持った時点で挫折している人」と言います。

私たちの能力は思いに反応します。〈頑張ろう〉と思う以上に〈駄目だろうけど〉と思っていては、力を貸してくれる人がいたとしても良い結果が出るわけがありません。

その八十　趣味は身を助ける

A生命のOさんからうかがった話です。生死の境をさまようような病気を2回も克服した彼女の言葉は、みなさんの大いなる参考になると思います。

「私はお花が大好きなんです。だから、玄関先に鉢植えがあると、『こういう肥料を使うとこの花はもっと元気になりますよ』とやってしまうのです。でも、こんなことがキッカケになって、たくさんの人から契約をもらったんですよ」

ある優績者の話に、「なるほど」と思いました。

●一年後の自分を大きくするために

その八十一 今

「過去」にまいた種が結果として現れている「今」は、「将来」良い結果を出すための種をまく「今」でもあります。

『明日良い仕事をする最良の準備は、今日良い仕事をすることである』とハーバードは言っています。過去の集約と将来の可能性が〈たった今〉にあるのです。

その八十二　生きるためであっても働くためであっても

生きるために働くのか、働くために生きるのか、はともかく、
契約がとれれば、働くことも生きることも楽しくなります。

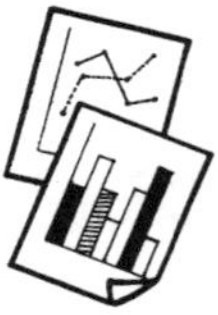

一つのことがうまくいかないと全てが嫌になったりします。一つのことがうまくいくと全てのことが楽しくなります。まず、〈これならできる〉というものを持って下さい。

●仲間とともに成長していくために

その八十三　良い環境

私から見れば、あなたは私を取り巻く環境の一部です。
あなたから見れば、私はあなたを取り巻く環境の一部です。
お互いがお互いの環境を作っているのなら、
『お互いがお互いの良い環境の一部になろう』と思わなければ、
　良い環境なんて、できるわけがないのです。

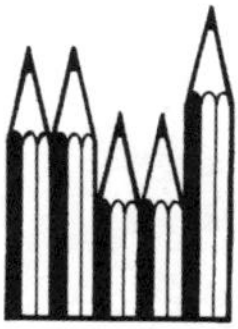

〈認（みとめる）〉という字は〈言うことを忍ぶ〉と書きます。認め合うということは、言うことを忍ばなければならないこともあるのです。

その八十四 あの人は

「あの人は酒を飲むけど良い人だ」
「あの人は良い人だけど酒を飲む」
こんな言葉の言い回しに、
その人の考え方や人間性が見え隠れするのです。

良いことを言っていても、言葉の最後に〈でも〉を付ける人がいます。そんな人を見ると、『今までの話は何だったの?』と言いたくなります。

その八十五 人間関係の原点

相手がこちらをどう思っているかより、
こちらが相手をどう思うかが大切なのです。

人に対する悪い感情は態度にも言葉にもでやすいものです。以心伝心。相手の良いところを見つけて良い人間関係を作るように心がけて下さい。

その八十六　成功するための第一歩

成功できる人は、
　スタートラインとゴールを知っている人なのだそうです。
スタートラインとは現状、ゴールとはやり上げるべきこと。
自分は何をしたいのか。そして、今、自分はどんな状況なのか。
　それを知ることが、成功するための第一歩なのです。

『今月は十件とるぞ！』と思っても、見込み客がいなければ実現できるものではありません。〈やり上げるべきこと〉と〈自分の現状〉を知ることは、〈今するべきこと〉を知るということでもあるのです。

●後で悔やまないために

その八十七 やろう

簡単なことでも、
「やろう」と思わなければできません。

目の前にある物でも奥さんに「ちょっと取ってくれ」と言うご主人がいます。
ことの大小に関わらず、〈やろう〉としない人は何もできないのです。

その八十八 はたらく

働くとは、はた（そばにいる人）を楽にすることなのだそうです。
もし、はたを楽にしてないようなら、
　働いていないということかも知れません。

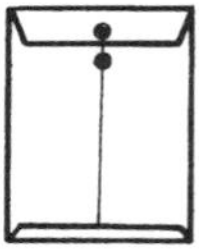

〈何をすれば良いか〉〈何から始めれば良いか〉を考えれば、自然に〈はたを楽にする〉展開になります。

その八十九 玄関には話題がいっぱい

『小さな靴があるから子どもがいるんだな』
—「お子さんはおいくつですか？　何人みえるんですか？」
『ゴルフセットが置いてあるぞ』
—「ご主人はゴルフをされるんですか？」
『パッチワークが飾ってあるな』
—「このパッチワークは奥様のご趣味ですか？」

玄関には、話題がいっぱいあります。

世間話から保険の話につなぐのが保険のセールスマンです。「ところで」とか「それはそうと」といった言葉で話題を変えるコツを飲み込めば、見込み客に困ることはありません。

その九十 当り前

会社にも営業所にも、
『これはできて当り前』『これはできなくて当り前』
といった「当り前」があります。
そういった「会社の当り前」や「営業所の当り前」が、
その会社、その営業所の業績を決めているのです。

どれだけ能力を持っているかより、どれだけ能力を出せるかが大切です。前向きな言葉の多い職場が能力を引き出すと理解して下さい。

●自分の活動パターンをチェックするために

その九十一 思い込み

私たちの行動は、
何が正しいとか間違っているかではなく、
何を信じているかによって決まります。

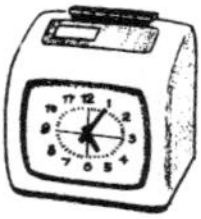

某新興宗教の信者の行動は、まさにこのことを物語っています。

その九十二 話し相手

答えを持っていない者同士が話し合っても、答えは出ません。話す相手を間違えると、進むべき方向を狂わせる原因になるのです。

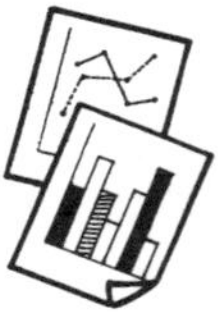

自分のレベルを上げたいなら、自分よりレベルの高い人と話をして下さい。自分以下のレベルの人や同等の人と話をして納得するのを自己満足と言います。

●人格を高めるために

その九十三　プライドと見栄

ないものをあるように見せたいのが、「見栄」。
あるものをないように見られて傷つくのが、「プライド」。
「プライドが傷つく」と、
「見栄」で言ってる人が多いと思いませんか?

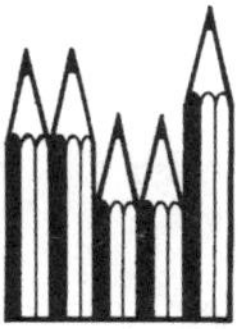

触れられたくないものを持っている人ほど攻撃的なことを言います。本当のプライドを持ってる人ほど余計なことは言わないものです。

●後援者を数多く増やしていくために

その九十四 たぐり寄せる

セールスの極意は、人脈をたぐり寄せることです。

だから、

『あの人とあの人から契約をもらったから行けるところが少なくなった』

のではなく、

『あの人とあの人から契約をもらったから、たぐり寄せる糸が多くなった』

と考えるべきなのです。

契約してもらった人の人脈をたぐれば、職域（企業）に限らず地区も背景（イニシャルマーケット）も〈見込み客の宝庫〉になるのです。

その九十五　採用のコツ

採用のコツは、夢と安心を与えることです。
だから、多くの人に夢を語って下さい。
　そして、安心を与えられる存在になって下さい。

〈夢〉のある人はそれを成就するための努力をします。〈安心〉を与えられた人は不安を持っている人より持続性があります。

●本当のターゲットを見失わないために

その九十六 絞り込み

会う人すべてから契約をとろうと思わなくても良いのです。
まず、二、三回訪問して、
『この人は駄目だな』と思う人をカットして下さい。
そして、さらに二、三回訪問して、
『この人はいけそうかな』と思う人をピックアップして下さい。
この2つの絞り込みができると、
　自然に効率良く契約に結び付く展開になります。

一生懸命頑張るのは大切なことですが、一生懸命だから効率が良いとは限りません。これが仕事を効率良くする方法と理解して下さい。

その九十七 人は目と声にクロージングされる

キョロキョロしている人を見て、
『この人は信頼できる』と思いますか？
ハキハキ言わない人を見て、
『この人は自信がありそうだ』と思いますか？
信頼できないセールスマンや自信のなさそうなセールスマンには、
誰も契約をしようとは思いません。
　クロージングは、目と声が大切なのです。

〈目〉と〈声〉同様、〈態度〉〈言葉使い〉も習慣性のものです。『お客様の前でだけ意識すれば良い』というのではなく、普段から意識して下さい。

その九十八　気づいた時が始まり

『あっそうか！　こうすればいいんだ』
『なるほど、そういう方法もあるんだ！』
　何事も気づいた時が始まりなのです。

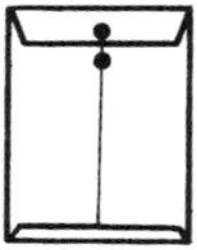

〈知識〉を与えられても〈意思〉がなければ使えません。『あっそうか！』と思えるのは何らかの〈意思〉を持った人だけなのです。

●充実した仕事をし続けるために

その九十九　今やろう

『ヨシッ！　来年から必ずやろう』と決意しても、
それをやる時は常に「今」。
『今やろう！』としなければ、
何も始まらないのです。

時間はすべての人に公平に与えられています。でも、一時間を二時間の価値あるものに使う人と一分の価値にしか使えない人とがいます。〈今〉をどのように使うかが時間の価値を決めるのです。

●チャンスを逃さないために

その百 分かっているんだけどナァ

「分かっているんだけどナァ」は、
分かっていない、ということです。

フランスに『機会が人を見捨てるより人が機会を見捨てる方が多い』という諺があります。「分かっているんだけどナァ」が多い人ほど機会を逃しているような気がします。

その百一　私はあなたを愛しています

—私はあなたを愛しています。
なぜって、あなたばかりでなく、
あなたといる時の自分が好きだから。—
作者は知りませんが、私の大好きな詩です。
こんな気持ちで人生が送れたら…。

「そんなことができたら理想的だね」と言われるかも知れません。理想だから諦めるのか、理想だから実現しようとするのかは、あなたが決めて下さい。

【著者紹介】
和谷　多加史（わや　たかし）
ワヤセールス事務所　所長

昭和62年、朝日生命に営業職員として入社。昭和62年から平成２年まで指導所長、管理所長、育成所長としてスクラム提案の大賞、グランプリ、努力賞に選ばれる。その間組織採用77名、組織分離11、営業所陣容を８名から73名に拡充。

平成３年から５年まで機関長（支部長）として機関表彰受賞。その間、営業所陣容15名から33名に拡充。

平成７年２月同社を退職し４月ワヤセールス事務所を設立。現在、執筆、講演、研修を中心に営業アドバイザーとして活躍中。

「営業とはこんなに簡単なことなんだ」――理論・方法論を具体的に語れる専門家を目指す熱血漢。

〒516-0077　三重県伊勢市宮町2-3-8　TEL 0596-28-1100（FAX共）

こんな考え方をすれば もっと契約がとれるのに

平成９年３月20日　初版
平成20年１月25日　12版

著　者　和谷　多加史
発行者　田 中　邦 治
発　行　株式会社　近代セールス社
〒164-8640 東京都中野区中央１－１３－９
電話（03）3366-2761（代表）
印刷・製本　株式会社　三友社

本文中カット　前田　晃
ISBN978-4-7650-0670-5